Die Deutsche Bibliothek – CIP-Einheitsaufnahme

Muhr, Ursula:
Kurze Gute Nacht Geschichten. / Ursula Muhr. [Umschlag und Ill. von Gisela Dürr]. - Wien ; München : Betz, 1999
ISBN 3 219 10799 0

B 0925/1
Alle Rechte vorbehalten
Umschlag, Illustrationen und Layout von Gisela Dürr
Gesetzt nach der neuen Rechtschreibung
Copyright © 1999 by Annette Betz Verlag
im Verlag Carl Ueberreuter, Wien – München
Printed in Belgium
3 5 7 6 4 2
Annette Betz im Internet: www.annettebetz.com

Ursula Muhr

Kurze Gute Nacht Geschichten

Bilder von Gisela Dürr

Annette Betz Verlag

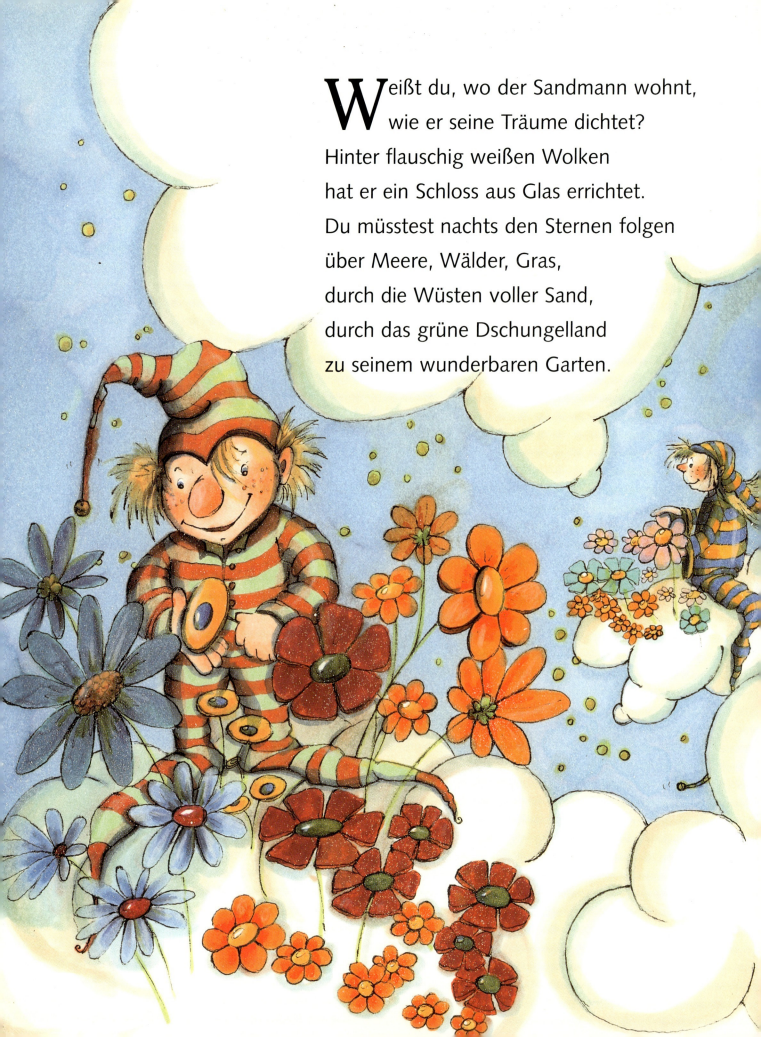

Weißt du, wo der Sandmann wohnt,
wie er seine Träume dichtet?
Hinter flauschig weißen Wolken
hat er ein Schloss aus Glas errichtet.
Du müsstest nachts den Sternen folgen
über Meere, Wälder, Gras,
durch die Wüsten voller Sand,
durch das grüne Dschungelland
zu seinem wunderbaren Garten.

Dort blühen Blumen aller Arten
und in den vielen bunten Blüten
wachsen Träume, klein und zart.
Der Sandmann sammelt sie in Tüten
und bringt sie dann nach langer Fahrt
zu den Kindern, dass sie schlafen.
Das ist viel Arbeit. Jeden Tag
erntet er die süßen Träume,
schüttelt Bilder von den Bäumen
und verwebt sie zu Geschichten
und zu heiteren Gedichten.
Du hast Recht – viele bunte Kinderträume
schafft doch einer nicht allein!
Drum ist der Sandmann auch zu zwein:
Ja, ich weiß es ganz genau –
still und heimlich hilft dem Sandmann
die Sandfrau!

Sophie hat ihr grünes Nilpferd Muuzi im Kindergarten vergessen. »Ich kann nicht schlafen ohne mein Muuzi!«, jammert sie.

Mama zuckt die Schultern. »Was soll ich machen? Um diese Zeit ist niemand mehr im Kindergarten. Ich kann das Muuzi nicht holen«, sagt sie.

Sophie liegt im Bett und denkt nach. Das Muuzi ist bestimmt ganz traurig, so allein in dem dunklen Kindergarten!

Da kommt Papa. »Weißt du eigentlich, dass in der Nacht die Spielsachen im Kindergarten lebendig werden? Das ist ein alter Kindergartenzauber. Sie spielen dann die ganze Nacht miteinander«, erzählt er.

»Ehrlich?«, fragt Sophie.

»Ganz großes Ehrenwort!«, versichert der Papa. »Wahrscheinlich fährt das Muuzi gerade mit dem Bobby-Car. Oder es reitet auf dem Schaukelpferd. Oder es baut sich ein Haus.«

Da ist Sophie sehr froh. Sie denkt sich viele Spiele aus, die das Nilpferd im Kindergarten spielen könnte. Darüber schläft sie ein.

Als sie am nächsten Morgen das Nilpferd im Kindergarten wieder findet, drückt sie es ganz fest. Sie findet, dass das Muuzi richtig müde aussieht. Bestimmt war die Nacht sehr aufregend!

Er streut den Kindern süße Träume
über ihre Betten hin,
auch die Vöglein in den Bäumen
werden müd, wenn sie ihn sehn.

Wenn am Himmel rot und golden
schon die Abendsonne sinkt,
fährt der Sandmann durch die Wolken
in seinem bunten Schiff und winkt.

Wenn dann später glänzend hell
wandert durch die Nacht der Mond,
leckt sich die Katze noch ihr Fell,
läuft der Fuchs zum Weiher schnell,
sprudelt silberhell der Quell,
doch die Vöglein in den Nestern
und die Kinder in den Betten
schlafen, träumen bis zum Wecken.

Ich weiß ein Spiel!«, sagt Jan. »Es heißt: ›Wer schläft wo?‹ Ich sage ein Tier und du musst raten, wo es schläft.«

»Fang an!«, ruft Lea und Jan sagt:
»Die Amsel!«
»Im Nest! Das ist doch leicht!«,
antwortet Lea.

»Und der Dachs?«, fragt Jan.
»Auch einfach – in seinem Bau!«

Jan überlegt. »Das weißt du bestimmt nicht.
Wo schläft der Adler?«
Lea lacht. »Weiß ich doch!
In seinem Horst!«

»Und der Igel?«, fragt Jan.
»Der sucht sich einen Blätterhaufen«, sagt Lea. »Und der Hase macht sich eine Sasse und der Specht schläft in einer Baumhöhle. Ist doch alles ganz einfach!«

Da fragt Jan: »Und wo schläft meine Katze?«
»In ihrem Körbchen!«, ruft Lea. Aber Jan lacht: »Stimmt nicht! Sie schläft in meinem Bett! Aber wenn du das der Mama verrätst, dann spiel ich nie mehr mit dir!«

Schlaf, mein Kind, und träume sacht,
dein Teddy liegt bei dir und wacht
über deinen Schlaf.
Schlaf, mein Kind, und träume bald,
von Wiesen und vom grünen Wald,
dort wohnen Fuchs und Schaf.
Das Schaf schläft in der Nacht wie du,
macht seine braunen Augen zu
und träumt so allerlei.
Sein dicker Pelz ist warm und weich,
drum schläft das müde Schaf auch gleich
und schnarcht dabei.
Der Fuchs dagegen schläft noch nicht,
streift durch den Wald im Dämmerlicht
und wandert durch die Nacht.
Erst später wird er müde sein,
kriecht in den Bau und schläft schnell ein.
Schlaft gut, ihr drei, bis ihr erwacht!

Jeden Abend das gleiche Theater. Alexander will sich nicht waschen. Aber anstatt zu streiten sagt seine Mutter heute: »Dann gehst du eben schmutzig ins Bett.«

Dann will Alexander seine Zähne nicht putzen.

Mutter zuckt die Schultern und sagt bloß: »Es sind deine Zähne. Du musst wissen, was du tust.«

Alexander will keinen Schlafanzug anziehen.

»Dann schläfst du eben nackt«, sagt die Mutter.

Da wird Alexander wütend. »Du magst mich nicht mehr!«, brüllt er. »Es ist dir egal, was ich tu!«

Mutter nimmt ihn in den Arm. »Ich liebe dich, mein Süßer«, sagt sie. »Sehr, sehr, sehr sogar. Und gerade deshalb habe ich keine Lust, jeden Abend über dasselbe mit dir zu streiten. Verstehst du das?«
Alexander nickt widerwillig und brummt etwas. Dann geht er ins Bad, wäscht sich, putzt gründlich die Zähne und zieht seinen Schlafanzug an.
»Wunderbar hast du das gemacht!«, freut sich die Mutter. »Und jetzt habe ich Zeit, um dir sogar zwei Gute-Nacht-Geschichten vorzulesen. Ist das nicht toll?«
Das findet Alexander auch!

Stefan hat einen Kater. Der ist dick und grau und heißt Teddy.

Wenn Stefan schlafen geht, dann liegt Teddy in einem Körbchen neben Stefans Bett und schläft auch.

Nur manchmal will Teddy nicht schlafen.

Dann steht er an der Zimmertür und schreit: »Miau!«

Das heißt: Mach endlich die Tür auf und lass mich hinaus!

Stefan sagt: »Geh in dein Körbchen, Teddy, es ist schon spät! Du musst schlafen!«

Aber Teddy gibt keine Ruhe. Er schreit: »Miau! Miauuuu!«

Dann kommt Stefans Mama und lässt Teddy in den Garten.

Stefan mault: »Warum darf Teddy im Garten spielen und ich muss ins Bett?«

»Weil Teddy ein alter Kater ist und du bist ein kleiner Junge, darum«, antwortet die Mama.

Stefan seufzt. »Wenn ich groß bin«, denkt er, »geh ich auch am Abend in den Garten zum Spielen!« Aber dann legt er sich hin, macht die Augen zu und schläft bald ein.

Er träumt von seinem Kater Teddy, der im Mondlicht mit seinen Freunden herumspringt.

Hörst du die Amsel singen?
Sie sitzt in der Dämmerung am Dachfirst
und pfeift ein Abendlied für dich.

Siehst du die Sterne blinken?
Sie kommen jeden Abend aus ihrem
Wolkenversteck und blinzeln dir zu.
Siehst du den Mond aufgehen?
Wie sieht er aus?
Ist er nur eine schmale Sichel
oder ein halbrunder Kreis?
Oder ist er gar eine volle runde Scheibe,
gelb wie ein fettes Käserad,
orangerot wie eine Apfelsine
oder golden wie ein glänzendes Geldstück?
Oder ist er vielleicht gar nicht da?
Dann siehst du ihn bestimmt morgen Abend!

Tobi sitzt gern auf dem Klo.
Er findet es einfach gemütlich.
Er hat einen feuerroten Toilettensitz, der nur ihm allein gehört.
Auf dem sitzt er, wackelt mit den Zehen und träumt vor sich hin.
Tobi spielt mit dem Toilettenpapier. Er stupst die Rolle an und – brrr! – rollt sich eine lange Schlange Papier ab. Tobi kichert. Dann stupst er wieder, die Rolle rollt, der Papierberg auf dem Boden wächst.
Als Mama kommt, schimpft sie. »So eine Verschwendung!«, sagt sie ärgerlich. »Du sollst doch nur ein paar Blättchen abreißen!«
Tobi grinst. Er wackelt mit den Zehen. »Mach ich ja auch«, sagt er. »Ich such mir bloß die schönsten aus!«
Da fängt Mama an zu lachen. Sie setzt sich auf den Badewannenrand und lacht und lacht. Tobi weiß gar nicht, warum. »Hör auf zu lachen!«, ruft er. Es nützt nichts.
»Auch gut«, denkt sich Tobi und stupst heimlich noch mal an der Papierrolle. »Soll sie lachen. Wenigstens ist sie nicht mehr böse!«

Die Tante von Philipp und Marie hat Geburtstag. Die beiden dürfen ganz lange bei ihr feiern. Als sie sich endlich mit den Eltern auf den Heimweg machen, ist es draußen schon dunkel. Philipp war noch nie nachts in der Stadt unterwegs. Wie aufregend das ist! Überall blinken Lichter. Ein paar Autos fahren vorbei und auch die Straßenbahn ist noch unterwegs. Eine Katze streicht an den Mülleimern entlang und maunzt. Im Park sitzt ein Mann auf einer Bank und schaut nach den Sternen. Neben ihm liegt sein Hund und schnarcht ganz laut. In der Ferne schreit ein Käuzchen. Ein paar Tauben gurren im Schlaf.

Marie döst in ihrem Kinderwagen. Auch Philipp ist plötzlich schrecklich müde. Am liebsten würde er sich zu seiner Schwester in den Wagen legen. Aber sie müssen noch ein ganzes Stück mit der Straßenbahn fahren. Philipp kuschelt sich auf Mamas Schoß. Er gähnt. Und gähnt noch einmal. Wer ist noch wach in der Stadt und wer schläft schon tief und fest?
Philipp weiß es nicht mehr – er ist einfach eingeschlafen. Er wacht nicht einmal auf, als ihn Papa von der Haltestelle nach Hause trägt und ins Bett legt!

Die Regentropfen klopfen ans Fenster – tapp, tapp, tapp. Der Wind rüttelt an dem Baum vor dem Haus und heult schauerlich.

Lara jammert: »Bei so einem Lärm kann ich auf keinen Fall in meinem Bett schlafen! Da hab ich Angst! Ich schlaf bei dir.« Und schlüpft zu Mama ins Bett.

Die Sonne geht unter und blitzt genau in Laras Fenster. Auch wenn Mama die Vorhänge zuzieht, ist es immer noch hell im Zimmer. »Wenn es so hell ist, kann ich hier nie und nimmer schlafen!«, stöhnt Lara und wandert mit ihrem Teddy unter dem Arm zu Mamas Bett.

Draußen liegt Schnee. Die Welt ist weiß und still, der Himmel steht voller Sterne. Hinter dem kahlen Kirschbaum hängt ein riesiger runder Mond. »Wie soll ich da schlafen können?«, fragt Lara. »Wenn mir der Mond so ins Gesicht scheint, mache ich kein Auge zu.«

»Gibt es eigentlich ein Wetter, bei dem du in deinem Bett schlafen kannst?«, fragt Mama. Lara überlegt eine Weile. Dann sagt sie: »Ich glaube, wenn irgendwann einmal gar kein Wetter wäre, dann könnte ich in meinem Bett schlafen.«

Mama seufzt. »Zum Glück ist mein Bett breit genug«, meint sie. »Ich hab nämlich noch nie gehört, dass es kein Wetter gibt.«